행복한 가정이 되기 위한 …

가정 생활

십자가선교센터

평신도 제자훈련 교재

가정생활 『개역개정판』

지은이 _ 권영구
초판 발행 _ 2008년 10월 15일
초판 2쇄 발행 _ 2012년 8월 20일
펴낸 곳 _ 도서출판 십자가선교센터
등록번호 _ 제 390-2004-00006호
주소 _ 경기도 광명시 소하1동 1347
전화번호 _ 02) 2617-2044
FAX _ 02) 2685-0424
홈페이지 _ www.cross9191.com / www.jwch.net
구입문의 _ 02) 2617-2044, 2685-0423

ISBN 978-89-91822-26-9 93230
값 5,000원

가정생활

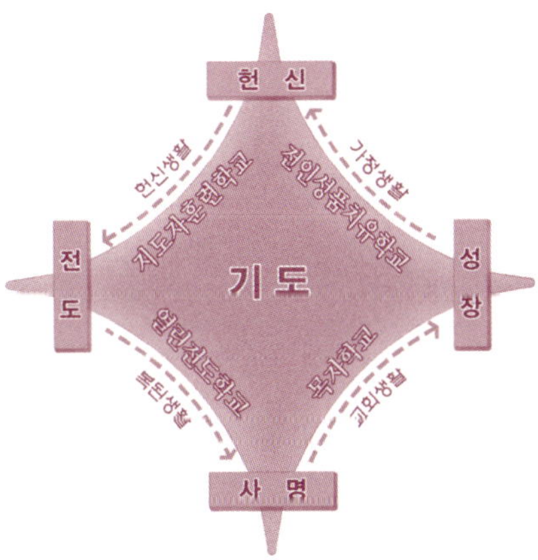

십자가선교센터

머리말

현대사회의 가장 큰 문제 중 하나는 가정이 파괴되어 가고 있는 것입니다. 그러나 사회교육과 가정교육은 이 문제를 해결하지 못하고 있습니다. 더 심각한 것은 문화가 발달할수록 더 급격히 파괴되는 구조로 변한다는 것입니다. 이렇게 되는 원인 중의 하나가 잘못된 결혼 문제입니다. 결혼을 하는 많은 청년들이 결혼이 무엇인지도 잘 모른 채 그냥 혼기가 되어 결혼하거나, 사랑만으로 주위 어른들의 충고도 무시하고 다른 준비는 할 생각도 않고 결혼한다는 것입니다. 남편이나 아내로서의 책임감 등 부부가 되어 해야 할 많은 일들을 생각하지 않고 서로가 감정적으로 통하기만 하면 결혼해 버립니다. 그런데 막상 결혼하여 생활해 보니 전혀 자신들이 생각하던 결혼생활이 아니라는 문제에 직면하게 됩니다. 그래서 후회도 하고 방황하기도 하고 아예 이혼도 해 버립니다.

이런 사람들이 아이를 출산하면 아이를 어떻게 양육해야 하는지도 모릅니다. 그래서 교양과 인격적인 교육이 없이 무조건 아이가 원하는 대로 해 주기만 합니다. 그 결과로 아이들에게 개인주의적인 사고가 발달하여 다른 사람들과 좋은 관계를 맺지 못하고 혼자 있는 것을 더 좋아하거나, 반대로 다른 사람을 괴롭히는 등 모난 성격의 아이로 성장하게 되는 것입니다.

우리는 이런 아이들을 어떻게 바르게 교육할 것인지 깊게 생각해야 합니다. 각 가정에서 책임지고 교육을 시키든지 아니면 학교에서 시켜야 하는데, 많은 가정의 부모들이 아이를 교육할 수 있는 지식이나 경험이 없습니다. 학교 또한 여러 가지 사정이 많습니다. 아이들의 잘못된 것을 훈계하며 체벌이라도 하면 학생이나 부모가 반발하고, 또 성적 우선순위의 교육과 돈을 벌기 위한 교육을 시키다보니 인격적인 교육을 시킬만한 시간적인 여유가 없습니다.

그렇다면 이제는 교회가 가정 문제를 해결해야 할 것입니다. 인간을 창조하신 하나님의 말씀으로 교양과 인격, 그리고 가족 구성원으로서의 책임과 의무를 교육하여 행복한 가정을 만들 수 있도록 도와야 할 것입니다. 그러므로 교회의 여러 가지 사역 중에서 가정 사역은 중요한 부분을 차지합니다.

불행한 가정들이 교회에 출석한 이후로는 행복해져야 합니다. 이 교재의 내용들은 가정 행복을 위해 꼭 필요한 것이며, 모든 성도들이 시간을 투자하여 배워서 실천해야 할 것입니다. 그렇게 되면 행복한 가정, 보람 있는 삶이 될 것입니다.

모든 가정이 행복한 가정이 되기를 바라는 마음으로, 또한 많은 성도들이 가정의 중요성을 인식하고 가정 행복을 위해 노력했으면 하는 마음으로 이 교재를 쓰는 바입니다.

2008년 9월 2일

서재에서 권영구 목사

Contents

제1과

현대 가정의 부부 문제

암·송·구·절

(시 28:7) "여호와는 나의 힘과 나의 방패이시니 내 마음이 그를 의지하여 도움을 얻었도다 그러므로 내 마음이 크게 기뻐하며 내 노래로 그를 찬송하리로다"

부부간에는 육체적 폭력, 언어 폭력, 성 폭력, 성격 차이와 학력의 차이, 남편의 외도, 부인의 외도, 성품 문제, 경제 문제, 시댁 문제, 처가 문제, 도벽, 술주정, 정신이상, 장기적인 질병, 무능, 대화의 부재, 교양 없는 태도, 인격 무시 등 우리가 생각하는 그 이상으로 많은 문제들이 발생합니다.

이러한 문제를 극복하지 못해 헤어지는 경우도 있습니다. 그러나 그것으로 문제가 해결되는 것이 아니라 또 하나의 문제가 추가되는 것이라는 걸 알아야 합니다. 가정 문제 중 이혼이라는 불행한 사건이 발생한 것이기 때문입니다.

그렇다면 이런 문제들의 좋은 해결책은 없는 것일까요? 우리는 그 방법을 찾으려고 하나님의 진리를 배우는 것입니다.

1. 부부가 함께 문제를 놓고 하나님께 기도해야 합니다.

부부 문제는 가정마다 각기 다릅니다. 그래서 다른 사람이 해결해 줄 수가 없습니다. 또한 사람의 힘으로 해결할 수 없는 문제들도 많이 있습니다. 그러므로 문제가 생길 때 먼저 기도해야 합니다. 창조주 하나님께 해결해 달라고 눈물로 기도해야 합니다. 이것이 가장 좋은 해결책입니다.

다음의 성경 구절을 암송하십시오.

(삼하 22:7) "내가 환난 중에서 여호와께 아뢰며 나의 하나님께 아뢰었더니 그가 그의 성전에서 내 소리를 들으심이여 나의 부르짖음이 그의 귀에 들렸도다"

(시 59:16) "나는 주의 힘을 노래하며 아침에 주의 인자하심을 높이 부르오리니 주는 나의 요새이시며 나의 환난 날에 피난처심이니이다"

(시 107:13) "이에 그들이 그 환난 중에 여호와께 부르짖으매 그들의 고통에서 구원하시되"

(약 5:13) "너희 중에 고난당하는 자가 있느냐 그는 기도할 것이요 즐거워하는 자가 있느냐 그는 찬송할지니라"

2. 고통스러운 환경을 신앙으로 이겨내야 합니다.

강인한 신앙심이 강인한 정신력을 만들어 냅니다. 죽는 것보다 더 힘든 가정환경을 신앙으로 이겨낼 수 있습니다. 이러한 담대한 믿음을 성경에서 배워야 합니니다. 그래야 자신의 신앙이 성장하고 삶의 지혜를 얻습니다. 그리고 고난이 유익으로 바뀌게 됩니다.

(시 119:71) "고난 당한 것이 내게 유익이라 이로 말미암아 내가 주의 율례들을 배우게 되었나이다"

하나님의 백성들은 고난을 통해서 살아 계신 하나님을 만납니다. 고난을 통해서 지혜를 배우고 고난을 통해서 하나님의 말씀을 깨닫습니다. 고난이 당시에는 죽음과 같은 고통을 주지만, 후에는 성숙한 사람이 되게 하고 지혜로운 사람이 되게 하며 성공의 길로 인도합니다. 그래서 고난이 유익된 것입니다.

3. 예수님을 스승으로 여기고 배워야 합니다.

예수님은 우리를 깨닫게 하시고 진리로 인도하시고 가장 지혜로운 삶과 가치있고 복된 삶을 살도록 교훈하십니다. 그러므로 예수님께 삶의 지혜를 배우십시오. 그리고 예수님이 말씀하신 대로 행해 보십시오. 그러면 자신의 생활에 놀라운 일들이 일어날 것입니다.

1) 마음을 비우십시오.

예수님은 하늘의 권위를 포기하시고 이 땅에 종인 사람의 모습으로 오셨습니다. 가난한 목수의 가정에서 자라셨으며 교육도 받지 못하셨습니다. 하지만 한 번도 비관하시거나 슬퍼하신 적이 없습니다. 마음을 비우셨기 때문입니다.

(빌 2:6-8) "[6] 그는 근본 하나님의 본체시나 하나님과 동등됨을 취할 것으로 여기지 아니하시고 [7] 오히려 자기를 비워 종의 형체를 가지사 사람들과 같이 되셨고 [8] 사람의 모양으로 나타나사 자기를 낮추시고 죽기까지 복종하셨으니 곧 십자가에 죽으심이라"

(눅 9:23) "또 무리에게 이르시되 아무든지 나를 따라오려거든 자기를 부인하고 날마다 제 십자가를 지고 나를 따를 것이니라"

2) 다른 사람을 위해 사십시오.

예수님은 자신을 위해 살지 않으셨습니다. 일생을 다른 사람들을 위해 일하시다가 다른 사람들을 위해 십자가를 지셨습니다. 성도들은 지금까지 자신들을 위해 살았습니다. 그러나 이제는 다른 사람들을 위해 사십시오. 그래야 새로운 인생을 살고 멋있는 인생을 살게 됩니다. 여기에 깊은 뜻과 지혜가 있습니다.

(롬 12:20) "네 원수가 주리거든 먹이고 목마르거든 마시게 하라 그리함으로 네가 숯불을 그 머리에 쌓아 놓으리라"

(눅 6:35) "오직 너희는 원수를 사랑하고 선대하며 아무 것도 바라지 말고 꾸어 주라 그리하면 너희 상이 클 것이요 또 지극히 높으신 이의 아들이 되리니 그는 은혜를 모르는 자와 악한 자에게도 인자하시니라"

(마 19:21) "예수께서 이르시되 네가 온전하고자 할진대 가서 네 소유를 팔아 가난한 자들에게 주라 그리하면 하늘에서 보화가 네게 있으리라 그리고 와서 나를 따르라 하시니"

(눅 6:38) "주라 그리하면 너희에게 줄 것이니 곧 후히 되어 누르고 흔들어 넘치도록 하여 너희에게 안겨 주리라 너희가 헤아리는 그 헤아림으로 너희도 헤아림을 도로 받을 것이니라"

3) 자신을 하나님께 온전히 맡기십시오.

예수님은 자신의 생명까지 하나님께 맡기셨습니다. 십자가에서 죽이시든지 살리시든지 하나님의 뜻대로 맡기셨습니다. 성도들도 살려고 하지 말고 자신의 생명을 하나님께 맡기십시오. 죽는 것도 사는 것도 문제가 해결되는 것도 안 되는 것도 맡기시고, 고통이 지속되든 마무리되든 맡기십시오. 맡겼으면 고민하지 말고 현재의 환경을 그대로 받아들이십시오.

(마 26:42) "다시 두 번째 나아가 기도하여 이르시되 내 아버지여 만일 내가 마시지 않고는 이 잔이 내게서 지나갈 수 없거든 아버지의 원대로 되기를 원하나이다 하시고"

찬송가 '내 주여, 뜻대로 행하시옵소서.' 를 부르십시오.

참고의 말씀

어떤 여성도 한 분이 교회 부흥회에 참석하여 은혜를 많이 받았습니다. 부흥회 강사 목사님의 설교를 통해 자기보다 더 힘들고 고통스러운 분들도 믿음과 기도로 이겨내고, 지금은 행복한 가정을 꾸미고 산다는 간증을 들으며 많은 은혜를 받았습니다. 그녀는 눈물을 흘리며 "하나님! 힘을 주시옵소서! 용기를 주시옵소서!" 하며 하나님께 기도했습니다. 그랬더니 새 힘이 생겼습니다.

그녀는 그동안의 고생과 슬픔을 잊고 마음에 평안을 찾았습니다. 그러면서 다시 소망을 얻고 더 열심히 기도하며 살아봐야겠다는 결심을 하고 집에 돌아왔습니다. 그녀가 집에 들어서자마자 그녀의 남편이 술에 취한 채 그녀의 머리채를 잡고 흔들며 방바닥에 패대기치는 것이었습니다. 그리고는 주먹과 발로 마구 때리며 입으로는 "남편 말을 안 듣는다."며 욕을 퍼부어댔습니다. 그녀는 반죽음이 되었고 남편은 밖으로 뛰쳐나갔습니다.

그녀는 방안에서 하염없이 눈물을 흘렸습니다. '내가 이렇게까지 고난을 겪으며 살아야 하는 것일까? 앞으로 저 남편과 어떻게 살아야 할까?' 이런 생각을 하니 자신의 운명이 비참하게 느껴졌습니다. 그녀는 앞이 캄캄하여 차라리 죽고 싶었습니다. 조금 전까지 교회에서 받았던 은혜와 감동은 사라졌습니다. 절망적인 환경에 몸부림치며 울고 있을 뿐이었습니다. 이와 같이 가정이 행복하지 못하면 교회에서 받은 은혜를 유지하기가 어렵습니다. 이 여인처럼 교회에서 은혜를 받아도 가정이 평안하지 못하면 신앙생활 하기가 힘들다는 것입니다. 그러므로 성도들은 가정을 행복하고 평안하게 만들어야 합니다. 교회에 출석하면서부터는 가정이 행복해져야 합니다. 가정의 문제들이 해결되어야 합니다. 우리는 성경공부를 통해서 가정 문제를 해결해 나가야 합니다.

모두 열심히 공부하시고 성경구절을 마음에 담으시길 바랍니다. 생명의 말씀이 되게 하기 위해서 암송하시기 바랍니다.

깨달은 말씀 논하기

1. 부부에게 문제가 생기면 먼저 어떻게 해야 합니까?

2. 강인한 신앙심으로 고난을 어떻게 해야 합니까?

3. 예수님께 배웠다면 어떻게 해야 합니까?

통성으로 기도하기

오늘 배운 말씀을 다시 펴서 보면서 마음에 새기고 회개기도 한 후에, 하나님의 말씀대로 살아서 복 있는 사람이 될 것을 결심하는 기도를 드려야 합니다.

제 2 과

하나님께서 창조하신 가정

암·송·구·절

(창 2:21-22) "[21] 여호와 하나님이 아담을 깊이 잠들게 하시니 잠들매 그가 그 갈빗대 하나를 취하고 살로 대신 채우시고 [22] 여호와 하나님이 아담에게서 취하신 그 갈빗대로 여자를 만드시고 그를 아담에게로 이끌어 오시니"

가정을 창조하신 분은 하나님이십니다. 그러므로 우리는 하나님께 가정 행복의 비결을 배워야 올바른 것입니다. 모든 물건에는 만든 사람이 있습니다. 그리고 그 물건은 만든 사람의 목적대로 사용될 때 가장 가치가 있고 보람된 것입니다. 예를 들면, 칼은 음식을 만드는네 사용하도록 만들어졌으므로 그렇게 사용될 때 가치가 있고 보람된 것입니다. 그런데 칼을 만든 사람의 목적과 상관없이 강도질을 하는데 사용한다면 그 칼은 나쁜 물건이 되는 것입니다.

사람을 창조하신 하나님이 어떤 목적으로 가정을 꾸미셨는가를 배우는 것은 매우 중요합니다. 또한 배운 후에 그대로 순종하였을 때 오는 결과는 행복이라는 것을 알아야 합니다.

1. 하나님께서 첫 번째로 세우신 기관은 교회입니다.

하나님은 6일 동안 천지를 창조하셨습니다. 그리고 마지막 날에 아담을 창조하셨습니다. 아담은 자신을 창조한 분이 거룩한 신이시라는 것을 알고 그분께 감사하며 사랑하고 섬겼습니다. 그리고 그분의 말씀에 순종하였습니다. 이것이 최초의 교회인 것입니다.

(창 1:26) "하나님이 이르시되 우리의 형상을 따라 우리의 모양대로 우리가 사람을 만들고 그들로 바다의 물고기와 하늘의 새와 가축과 온 땅과 땅에 기는 모든 것을 다스리게 하자 하시고"

교회의 의미는 구원 받은 사람이 하나님을 섬기는 것입니다. 다시 말해서 인간이 신을 경배하는 것이 교회입니다. 아담은 에덴동산에서 하나님을 경배하였습니다. 하나님은 첫 번째로 교회를 만드신 것입니다.

(창 2:8) "여호와 하나님이 동방의 에덴에 동산을 창설하시고 그 지으신 사람을 거기 두시니라"

질 문 1

피조물인 사람이 하나님을 경배하였으나 사람에게 죄를 범하였다면 어떻게 됩니까?

- 그 사람은 구원받아 영생을 얻고 하나님 나라에서 영원히 하나님과 더불어 살게 됩니다.

《질 문 2》

피조물인 사람이 사람들에게는 선을 행하고 하나님을 경배하지 않으면 어떻게 됩니까?

– 그 사람은 영벌을 받아 지옥에 가고 영원히 고통을 받게 됩니다.

피조물인 사람에게는 주인이시며 창조자이신 하나님을 믿고 경배하는 일이 제일 중요한 것입니다. 이것은 첫 번째로 우선시되어야 할 일입니다.

2. 하나님께서 두 번째로 세우신 기관은 가정입니다.

하나님께서는 아담을 창조하신 후에 그를 유심히 관찰하셨습니다. 그랬더니 아담 혼자 지내는 것이 외롭게 보였습니다. 그래서 아담을 잠들게 하신 후에 갈비뼈 하나를 취하여 여자인 하와를 만들어 주셨습니다. 이렇게 해서 최초의 가정이 생겼습니다. 이 가정이 번성하여 현재의 지구문명을 이룬 것입니다.

(창 2:18) "여호와 하나님이 이르시되 사람이 혼자 사는 것이 좋지 아니하니 내가 그를 위하여 돕는 배필을 지으리라 하시니라"

(창 2:20-23) "[20] 아담이 모든 가축과 공중의 새와 들의 모든 짐승에게 이름을 주니라 아담이 돕는 배필이 없으므로 [21] 여호와 하나님이 아담을 깊이 잠들게 하시니 잠들매 그가 그 갈빗대 하나를 취하고 살로 대신 채우시고 [22] 여호와 하나님이 아담에게서 취하신 그 갈빗대로 여자를 만드시고 그를 아담에게로 이끌어 오시니 [23] 아담이 이르되 이는 내 뼈 중의

뼈요 살 중의 살이라 이것을 남자에게서 취하였은즉 여자라 부르리라 하니라"

사람은 고릴라 종류가 진화된 것이 아닙니다. 하나님은 사람을 처음부터 동물과는 다르게 창조하셨습니다. 흙으로 만든 몸에 영혼을 불어 넣어 사람이 되게 하셨습니다. 짐승에게는 영혼이 없습니다. 이렇게 처음부터 확실히 다르게 창조된 것입니다.

(창 2:7) "여호와 하나님이 땅의 흙으로 사람을 지으시고 생기를 그 코에 불어넣으시니 사람이 생령이 되니라"

사람으로 창조된 우리에게 두 번째로 중요한 것이 가정입니다. 가정은 물질보다 중요하고 권세나 명예보다 더 중요합니다. 또 사업이나 기업의 성공, 직장보다 더 중요합니다. 그러므로 중요한 일에 시간을 투자하고 물질을 사용해야 행복하게 됩니다. 가정이 불행해지면 사회적으로 얻은 모든 것들이 소용없게 되고 삶이 불행하게 되며 실패한 인생이 될 뿐입니다. 그러나 사회적으로는 실패하였을지라도 가정이 행복하면 만족을 얻을 수 있고 다시 재기 할 수도 있습니다. 가정은 인생의 안식처요 보금자리인 것입니다.

(창 2:24-25) "[24] 이러므로 남자가 부모를 떠나 그의 아내와 합하여 둘이 한 몸을 이룰지로다 [25] 아담과 그의 아내 두 사람이 벌거벗었으나 부끄러워하지 아니하니라"

3. 하나님과 가족은 사람에게 있어 가장 중요한 부분입니다.

창조의 목적대로 사람에게 가장 중요한 것은 피조물이 창조주를 찬양하고 경외하면서 기쁨과 행복을 느끼는 삶을 사는 것입니다.

(시 115:13) "높은 사람이나 낮은 사람을 막론하고 여호와를 경외하는 자들에게 복을 주시리로다"

그 다음으로 중요한 것이 가족을 사랑하고 돌보면서 기쁨과 행복을 느끼는 삶을 사는 것입니다. 이렇게 행하는 사람은 행복한 삶을 살게 되며 후회 없는 인생을 살게 됩니다.

(딤전 5:8) "누구든지 자기 친족 특히 자기 가족을 돌보지 아니하면 믿음을 배반한 자요 불신자보다 더 악한 자니라"

참고의 말씀

하나님을 사랑하는 사람, 그리고 가족을 사랑하는 사람은 삶을 가장 행복하게 사는 사람입니다. 둘 중 그 어떤 것도 버릴 수 없는 소중한 것이기 때문입니다. 그러므로 하나님을 믿는 사람은 이 두 가지를 잘 행하여 행복한 가정을 꾸며야 합니다.

모든 식구가 하나님을 믿어 구원 받는 축복이 있고, 가족이 서로 사랑함으로써 행복이 있는 크리스천 가족이 되어야 합니다. 이것이 하나님께서 사람을 창조하신 목적이며 또한 우리에게 바라시는 일입니다.

사탄은 이와 같은 진리를 거스르도록 세상에 거짓을 퍼트렸습니다. '하나님이 없어도 가족만 있으면 된다.' 이렇게 가족 사랑이 최우선이라고 퍼트린 것입니다. 수많은 세상 사람들이 마귀가 퍼트린 이 거짓을 믿으며 살아가고 있습니다. 그러나 정작 많은 가정들이 가족을 사랑하지 못하고 다투며 불행한 삶을 살고 있습니다.

사탄의 말은 그럴 듯하게 위장되어 있지만 그 말대로 따르면 불행해집니다. 사탄이 하는 말들이 진리가 아닌 거짓이기 때문입니다.

하나님의 말씀은 어렵거나 사실이 아닌 것처럼 느껴집니다. 그러나 그 말씀에 순종하면 행복해집니다. 그 이유는 하나님의 말씀이 진리이기 때문입니다.

깨달은 말씀 논하기

1. 하나님께서 첫 번째로 세우신 기관은 무엇입니까?

2. 하나님께서 두 번째로 세우신 기관은 무엇입니까?

3. 하나님께서 세우신 두 기관 속에서 기쁨과 행복을 느끼고 있습니까?

통성으로 기도하기

오늘 배운 말씀을 다시 펴 보면서 마음에 새기고 회개 기도한 후에, 하나님의 말씀대로 살아서 복 있는 사람이 될 것을 결심하는 기도를 드려야 합니다.

제 3과

성공적인 결혼관

암·송·구·절

(창 2:24-25) "이러므로 남자가 부모를 떠나 그의 아내와 합하여 둘이 한 몸을 이룰지로다 아담과 그의 아내 두 사람이 벌거벗었으나 부끄러워하지 아니하니라"

사람이 세상을 살면서 하나님을 경외하고 가정이 행복하다면 그 사람은 만족한 삶을 사는 것입니다. 그러나 이러한 가정을 꾸민 사람은 매우 적습니다. 요즘 사람들이 먹고 살기에 바빠서 행복한 가정을 꾸미는 일에 신경을 쓰지 못하고, 알면서도 지나치는 경향이 많습니다.

행복한 가정을 만들려면 먼저 자신의 생각을 바꾸어야 합니다. 우리는 오랜 시간을 지금의 사회 환경에 길들여져 왔습니다. 우리가 처한 세상의 환경과 전통, 관습을 배우며 그것이 옳은 것인 줄 알고 살아왔습니다. 이러한 관습을 하루아침에 바꾼다는 것은 어려운 일이지만, 진리를 깨달은 사람으로서 가정의 참된 행복을 위한다면 자신의 생각을 과감하게 수정해야 합니다.

1. 결혼은 서로 돕기 위해서 하는 것입니다.

(창 2:18) "여호와 하나님이 이르시되 사람이 혼자 사는 것이 좋지 아니하니 내가 그를 위하여 돕는 배필을 지으리라 하시니라"고 말씀하십니다. 이것이 진리입니다.

마귀는 결혼에는 사랑만 있으면 된다고 말하며 세상 사람들을 미혹하여 속이고 있습니다. 이 말의 일부는 맞는 말이지만 전부 맞는 말은 아닙니다. 결혼은 사랑과 더불어 서로의 인격, 자라온 환경 등 여러 가지가 맞아야 합니다. 통계적으로 보면 연애결혼을 한 사람들 중에서 이혼율이 높습니다. 사랑만 있으면 행복할 줄 알았는데 결혼해서 살아보니 환경과 성격과 경제적 요인 등 여러 가지가 맞지 않으므로 견디지 못하는 것입니다.

하나님께서는 결혼은 '서로 돕기 위해서' 라고 말씀하십니다. 남녀가 서로의 연약한 부분을 돕기 위해서 결혼한다면 행복한 결혼생활이 될 것입니다. 또한 이것이 진정한 사랑의 실천이기도 합니다. 그런데 요즘 사람들은 서로 사랑 받기 위해서 결혼을 합니다. 그리고는 결혼 후에 생각대로 사랑을 받지 못하자 불만, 불평이 생기고 다투게 되고 결국에는 헤어지게 됩니다.

하나님의 말씀이 옳은 것입니다. 결혼은 받기 위해서 하는 것이 아니라 서로 돕기 위해서 해야 행복한 것입니다.

2. 결혼은 의무와 책임을 다하는 것입니다.

(고전 7:3) "남편은 그 아내에 대한 의무를 다하고 아내도 그 남편에게 그렇게 할지라"

결혼에 대한 사탄의 궤계는 부부가 서로 자신들의 의무는 행하지 않고 권리만 찾게 하는 것입니다. 그래서 결혼한 부부가 서로 자기의 주장만 펴기 때문에 다투게 됩니다. 하나님께서는 부부가 서로에게 의무를 다하라고 말씀하십니다. 그러므로 결혼을 앞둔 분들은 남편의 의무가 무엇인지, 그리고 아내의 의무가 무엇인지 배우고 결혼해야 합니다.

많은 가정에서 남편이 남편의 의무를 하지 않고 아내가 아내의 의무를 하지 않아 갈등하고 있습니다. 서로가 자신의 의무와 책임만 다한다면 결혼생활에 성공할 것입니다.

3. 부부는 이제 자기의 몸이 아니므로 배우자를 위해서 살아야 합니다.

(고전 7:4) "아내는 자기 몸을 주장하지 못하고 오직 그 남편이 하며 남편도 그와 같이 자기 몸을 주장하지 못하고 오직 그 아내가 하나니"

마귀는 부부에게 자신을 지키라고 말합니다. 그래서 부부들이 서로 자기주장이 강하여 배우자의 주장을 받아 주지 않습니다. 배우자가 어떤 일을 도와 달라고 하거나 서비스를 요구하면 거절부터 합니다. 개인주의의 발달로 이기적인 성향들이 강해졌기 때문입니다.

성경적인 결혼관은 결혼하고 나면 서로가 자기의 몸이 아닙니다. 배우자의 몸입니다. 상대방이 요청하는 대로 따라 주어야 합니다. 그리고 자신을 위해서 사는 것이 아니라 배우자를 위해서 사는 것입니다. 이렇게 생각이 정리되고 순종해야 하나님의 말씀대로 결혼생활을 하는 것입니다.

4. 부모를 떠나 한 몸이 되고 부끄러워하지 않아야 합니다.

(창 2:24-25) "이러므로 남자가 부모를 떠나 그의 아내와 합하여 둘이 한 몸을 이룰지로다 아담과 그의 아내 두 사람이 벌거벗었으나 부끄러워하지 아니하니라"

부부에게 영적인 결합은 매우 중요합니다. 신앙이 같아야 합니다. 그래야 생각이 비슷하여 다툼이 적고 서로 이해하고 돕는 일을 많이 할 수 있습니다. 같이 하나님을 믿으면 영적으로 한 몸이 되는 것입니다.

또 육적인 결합도 중요합니다. 부부가 육적으로 한 몸이 되어야 하고 부끄러워하지 않아야 합니다. 이러한 부부는 원만하거나 행복한 결혼생활을 합니다.

자기의 생각을 버리고 성경 말씀에 순종하여 가정을 꾸미는 사람이 가장 지혜로운 사람입니다. 성경은 우리에게 가장 좋은 지혜를 가르쳐 주는 말씀이기 때문입니다.

5. 사랑은 실천해야 그 가치가 드러납니다.

부부는 사랑으로 산다고 합니다. 그러나 말로만 사랑한다 하고 행동으로 옮기지 않는다면 아무 소용이 없는 것입니다. 위에서 서술한 네 가지를 행한다면 사랑을 실천하는 것이 됩니다. 그렇게 하면 효과도 즉시 나타날 것입니다. 그래서 하나님의 말씀은 삶의 기준이며 진리인 것입니다.

(약 2:17) "이와 같이 행함이 없는 믿음은 그 자체가 죽은 것이라"

참고의 말씀

성공적인 결혼생활을 하려면 성경적으로 결혼관을 바꾸고 실천해야 합니다. 그렇게 하면 100% 성공합니다. 많은 사람들이 결혼생활을 어떻게 해야 할지 모르면서 일단 결혼부터 합니다. 그래서 실패로 이어집니다. 어떻게 결혼생활을 해야 하는 지 매뉴얼이 없는 것입니다. 지금까지 눈으로 보아 오고 귀로 들어 온 것을 기준으로 삼고 결혼생활을 합니다.

그러나 사람들의 기준은 천태만상입니다. 각 사람마다 보고 듣는 것이 다 다르다는 것입니다. 이렇게 다른 환경에서 만난 부부가 각각 다른 결혼관을 가지고 있기 때문에 생각하는 것이 달라 다투게 되는 것입니다. 또한 두 사람의 서로 다른 결혼관이 진리가 아닌, 주관적이거나 자신이 성장하면서 습득한 나름대로의 결혼관이기 때문에 실패하는 것입니다.

성경은 진리를 말씀합니다. 그러므로 성경에서 제시하는 결혼관을 가지고 노력하면 첫째는 결혼관이 하나가 되어서 같은 생각을 가지게 되고, 둘째는 진리인 올바른 결혼관을 가지고 있으므로 영원히 변하지 않는 행복한 결혼생활을 할 수 있는 것입니다.

깨달은 말씀 논하기

1. 결혼은 서로에게 어떻게 해 주어 사랑을 실천하는 것입니까?

2. 자신과 배우자는 의무와 책임을 다하고 있습니까?

3. 자기 몸을 배우자를 위해서 사용하고 있습니까?

통성으로 기도하기

오늘 배운 말씀을 다시 펴 보면서 마음에 새기고 회개 기도한 후에, 하나님의 말씀대로 살아서 복 있는 사람이 될 것을 결심하는 기도를 드려야 합니다.

제 4 과

가정행복의 시작은 부부

암·송·구·절

(고전 7:3-5) "[3] 남편은 그 아내에 대한 의무를 다하고 아내도 그 남편에게 그렇게 할지라 [4] 아내는 자기 몸을 주장하지 못하고 오직 그 남편이 하며 남편도 그와 같이 자기 몸을 주장하지 못하고 오직 그 아내가 하나니 [5] 서로 분방하지 말라 다만 기도할 틈을 얻기 위하여 합의상 얼마 동안은 하되 다시 합하라 이는 너희가 절제 못함으로 말미암아 사탄이 너희를 시험하지 못하게 하려 함이라"

가정 행복의 시작은 부부의 관계에 있다고 합니다. 부부사이가 좋으면 부모나 자녀와의 관계도 좋고, 부부사이가 나쁘면 부모나 자녀 사이가 나쁘다는 것입니다. 그러므로 부부의 사이가 좋아야 가정이 행복해진다는 원리입니다.

그렇다면 한국의 남편들은 아내에게 어떤 것을 바라고 있을까요? 그리고 아내들은 남편에게 무엇을 바라고 살까요? 이것을 어느 정도는 알고 있어야 상대방의 욕구를 충족시켜 줄 수 있습니다. 그러나 대부분의 남편들은 아내의 욕구를 모릅니다. 또 아내들도 남편의 욕구를 모릅니다. 그래서 가정의 최초의 구성원인 부부간의 갈등이 해결되지 않는 것입니다.

여기서는 한국인들이 부부간에 바라는 욕구를 알아보도록 하겠습니다. 부부문제의 해결이 가족문제의 해결이 되고, 부부가 행복해야 가족이 행복하기 때문입니다.

1. 아내가 바라는 남편 상

1) 한국의 아내들이 남편에게 바라는 모습

*자신이 해당되는 사항의 ( )에 ○표를 하십시오.

① 자상한 남편 ( )
② 경제를 책임지는 남편 ( )
③ 아내를 이해하고 자상한 아버지 같이 사랑해 주는 남편 ( )
④ 집에 오면 아이와 놀아주고 아내와 대화하는 남편 ( )
⑤ 아내가 싫어하는 것은 하지 않는 남편 (간음, 간통, 도박, 술 등) ( )

부부가 되어 자신이 바라는 것을 채우려고만 하지 상대방이 바라는 것은 채워주지 않는 잘못된 사고방식이 불행한 가정을 만듭니다. 그러므로 우리는 지금부터라도 행복한 부부가 되기 위해서 상대방이 원하는 것을 채워주는 배우자가 되어야 합니다.

위와 같은 것들을 채워주지 않으면 부부는 영원히 불행하게 되며 회복이 불가능한 가정이 되어 후회하는 인생이 될 것입니다.

2) 바울 사도는 남편들이 어떠한 행동을 하기를 원했습니까?

(딤전 3:2-4) "[2] 그러므로 감독은 책망할 것이 없으며 한 아내의 남편이 되며 절제하며 신중하며 단정하며 나그네를 대접하며 가르치기를 잘하며 [3] 술을 즐기지 아니하며 구타하지 아니하며 오직 관용하며 다투지 아니하며 돈을 사랑하지 아니하며 [4] 자기 집을 잘 다스려 자녀들로 모든 공손함으로 복종하게 하는 자라야 할지며"

3) 성경에 아내를 사랑하며 어떻게 하지 말라고 하셨습니까?

(골 3:19) "남편들아 아내를 사랑하며 괴롭게 하지 말라"

4) 성경은 아내를 어떻게 대하라고 말씀하십니까?

(벧전 3:7) "남편들아 이와 같이 지식을 따라 너희 아내와 동거하고 그를 더 연약한 그릇이요 또 생명의 은혜를 함께 이어받을 자로 알아 귀히 여기라 이는 너희 기도가 막히지 아니하게 하려 함이라 또는 그 아내를 더 연약한 그릇 같이 여겨 지식을 따라 동거하고"

2. 남편이 바라는 아내 상

1) 한국의 남편들이 아내에게 바라는 모습

*자신이 해당되는 사항의 ( )에 ○표를 하십시오.

① 부부생활을 남편의 의사에 따라주는 아내 ( )
② 현모양처 (어진 어머니이면서 착한 아내) ( )
③ 가정 경제에 도움을 주는 아내 ( )
④ 남편을 이해해 주고 사랑해 주는 어머니와 같은 아내 ( )
⑤ 남편이 싫어하는 것은 하지 않는 아내 (간통, 도박, 술, 사치, 허영 등) ( )

아내들은 남편이 바라는 것이 무엇인지를 정확하게 알고 있어야 합니다. 그리고 힘들어도 남편의 욕구를 충족시켜 주려고 해야 합니다. 그렇게 하면 아내는 칭찬과 사랑을 받게 됩니다.

2) 성경은 어떤 아내가 되라고 말씀하십니까?

(잠 31:10-30) "[10] 누가 현숙한 여인을 찾아 얻겠느냐 그의 값은 진주보다 더 하니라 [11] 그런 자의 남편의 마음은 그를 믿나니 산업이 핍절하지 아니하겠으며 [12] 그런 자는 살아 있는 동안에 그의 남편에게 선을 행하고 악을 행하지 아니하느니라

3) 베드로는 아내들이 남편에게 어떻게 해야 한다고 말합니까?

(벧전 3:1-6) "[1] 아내들아 이와 같이 자기 남편에게 순종하라 이는 혹 말씀을 순종하지 않는 자라도 말로 말미암지 않고 그 아내의 행실로 말미암아 구원을 받게 하려 함이니 [2] 너희의 두려워하며 정결한 행실을 봄이라 [3] 너희의 단장은 머리를 꾸미고 금을 차고 아름다운 옷을 입는 외모로 하지 말고 [4] 오직 마음에 숨은 사람을 온유하고 안정한 심령의 썩지 아니할 것으로 하라 이는 하나님 앞에 값진 것이니라 [5] 전에 하나님께 소망을 두었던 거룩한 부녀들도 이와 같이 자기 남편에게 순종함으로 자기를 단장하였나니 [6] 사라가 아브라함을 주라 칭하여 순종한 것 같이 너희는 선을 행하고 아무 두려운 일에도 놀라지 아니하면 그의 딸이 된 것이니라"

4) 하나님은 호세아 선지자에게 음란한 여인 고멜과 결혼하여 사랑해 주고 음란한 자식을 낳으라고 하셨습니다. 여러분이라면 어떻게 하겠습니까?

(호 1:2-3) "[2] 여호와께서 처음 호세아에게 말씀하실 때 여호와께서 호세아에게 이르시되 너는 가서 음란한 여자를 맞이하여 음란한 자식들을

낳으라 이 나라가 여호와를 떠나 크게 음란함이니라 하시니 [3] 이에 그
가 가서 디블라임의 딸 고멜을 맞이하였더니 고멜이 임신하여 아들을 낳
으매"

참고의 말씀

가정의 행복은 부부에게서부터 출발한다는 말씀을 잊지 말고 마음에 담아 두시기를 바랍니다. 서로의 마음을 열고 대화를 나누고 노력하면 됩니다. 노력도 해 보지 않고 포기하는 것은 옳지 않습니다. 그러므로 기도하면서 하나씩 실천에 옮기면 반드시 행복한 부부, 행복한 가정이 이루어질 줄로 믿습니다.

하나님은 자녀들이 하나님의 말씀을 듣고 순종하기를 원하십니다. 그렇게 하면 문제가 해결되어 행복한 삶을 살아갈 수 있기 때문입니다.

호세아 선지자는 순종할 수 없는 명령을 받았지만 하나님의 말씀대로 순종하였습니다. 일생에 한 번뿐이고 가장 중요한 결혼도 자신의 의사와 관계없이 순종하였습니다. 그리고 자신의 자녀가 아닌 다른 사람의 자녀를 낳은 음란한 여인을 끝까지 책임졌습니다. 그래서 이처럼 어렵게 순종한 호세아 선지자를 위대한 믿음의 사람이라고 평하고 있는 것입니다.

하나님의 백성의 삶은 자신의 의지대로 사는 것이 아니고 하나님의 말씀대로 복종하는 것입니다. 이렇게 복종할 때 위대한 신앙의 힘이 나오는 것입니다. 평범한 인생을 뛰어넘어 차원이 높은 삶을 살고, 세상을 이기고 정복하는 신앙을 갖게 되는 것입니다. 호세아 선지자는 세상에서는 만족하지 못하였으나 하나님께 순종하였기에 하나님 나라에서는 최고의 영광과 존귀함을 받는 사람이 됩니다. 이것이 기독교인이 가야 할 길입니다.

깨달은 말씀 논하기

1. 아내가 바라는 남편의 상을 몇 가지나 실천하고 있습니까?

2. 남편이 바라는 아내의 상을 몇 가지나 실천하고 있습니까?

3. 가정의 행복을 위해 성경에서 말하는 어떤 것을 실천하겠습니까?

통성으로 기도하기

오늘 배운 말씀을 다시 펴 보면서 마음에 새기고 회개 기도한 후에, 하나님의 말씀대로 살아서 복 있는 사람이 될 것을 결심하는 기도를 드려야 합니다.

제 5 과

부모와의 관계

암·송·구·절

(신 5:16) "너는 네 하나님 여호와께서 명령한 대로 네 부모를 공경하라 그리하면 네 하나님 여호와가 네게 준 땅에서 네 생명이 길고 복을 누리리라"

기독교를 잘 모르는 일반 사람들은, 하나님을 믿는 사람들은 부모도 몰라본다는 말을 합니다. 이것은 성경을 모르는 무지에서 나온 말입니다. 하나님은 사람을 창조한 분이십니다. 또한 그분은 우리의 영의 아버지이십니다. 그런 분이 부모를 소홀히 하게 놔두실 리가 없습니다.

하나님은 십계명 중 다섯 번째 계명에서 "부모를 공경하라"고 말씀하고 있습니다. 부모 공경을 사람이 사람에게 해야 할 첫 번째 계명으로 주신 것입니다. 그 다음에 "살인하지 말라, 간음하지 말라, 도적질하지 말라, 거짓증거하지 말라, 이웃의 것을 탐하지 말라"고 질서 있게 말씀하고 계십니다.

그리고 이 계명은 부모님이 돌아가신 후에 뒤늦게 효도하는 것처럼 제사지내지 말고 살아계실 때 효도하라는 뜻입니다. 그래서 기독교인은 부모님이 살아계실 때 매월 용돈도 드리고 생일이나 명절날 등에도 잘 공경하고, 특히 부모님 속을 썩이는 행동을 하지 않아야 합니다.

가정이 행복하고 자손이 복을 받으려면 부모님을 잘 공경해야 합니다. 이것이 하나님의 뜻입니다.

1. 자녀가 부모에게 행해야 하는 것

1) 부모를 공경하면 땅에서 장수하고 복을 받습니다.

(신 5:16) "너는 네 하나님 여호와께서 명령한 대로 네 부모를 공경하라 그리하면 네 하나님 여호와가 네게 준 땅에서 네 생명이 길고 복을 누리리라"

2) 부모에게 잘 해야 합니다. 잘못하면 저주를 받습니다.

(신 27:16) "그의 부모를 경홀히 여기는 자는 저주를 받을 것이라 할 것이요 모든 백성은 아멘 할지니라"

3) 부모를 즐겁게 하고 기쁘게 해야 합니다.

(잠 23:25) "네 부모를 즐겁게 하며 너를 낳은 어미를 기쁘게 하라"

4) 주 안에서 부모에게 순종해야 합니다.

(엡 6:1) "자녀들아 주 안에서 너희 부모에게 순종하라 이것이 옳으니라"

(골 3:20) "자녀들아 모든 일에 부모에게 순종하라 이는 주 안에서 기쁘게 하는 것이니라"

5) 부모에게 효를 행하여 보답하는 자녀가 되어야 합니다.

(딤전 5:4) "만일 어떤 과부에게 자녀나 손자들이 있거든 그들로 먼저 자기 집에서 효를 행하여 부모에게 보답하기를 배우게 하라 이것이 하나님 앞에 받으실 만한 것이니라"

6) 베들레헴 사람 보아스는 모압 여인 룻이 시모를 공경하는 것을 훌륭하게

보았고, 후에 자기 부인으로 삼아 복을 받게 하였습니다.

(룻 2:11) "보아스가 그에게 대답하여 이르되 네 남편이 죽은 후로 네가 시어머니에게 행한 모든 것과 네 부모와 고국을 떠나 전에 알지 못하던 백성에게로 온 일이 내게 분명히 알려졌느니라"

2. 자녀의 죄

자녀들이 부모에 대해 갖는 생각은 각각 다릅니다. 부모로부터 사랑과 도움을 받은 자녀들은 부모를 존경할 것이고, 부모로부터 미움과 버림을 받은 자녀들은 부모를 증오할 것입니다. 부모에 대한 자녀들의 생각은 자녀들이 자라온 환경과 관계가 있을 것입니다.

1) 부모에게 사랑 받은 사람이 부모를 공경해야 한다는 것을 알면서 행 하지 않는 것은 죄입니다.

2) 부모가 미움 받을 일을 행하였기 때문에 부모를 공경할 수 없다고 생각하고 하나님의 말씀을 행하지 않는 것도 죄입니다.

3. 자녀가 부모에게 잘못하는 죄들

1) 부모에게 불순종하고 패역한 자녀는 죽임을 당합니다.

(신 21:18-21) "[18] 사람에게 완악하고 패역한 아들이 있어 그의 아버지의 말이나 그 어머니의 말을 순종하지 아니하고 부모가 징계하여도 순종하지 아니하거든 [19] 그의 부모가 그를 끌고 성문에 이르러 그 성읍 장로들에게 나아가서 [20] 그 성읍 장로들에게 말하기를 우리의 이 자식은 완악하고 패역하여 우리 말을 듣지 아니하고 방탕하며 술에 잠긴 자라 하면 [21] 그 성읍의 모든 사람들이 그를 돌로 쳐 죽일지니 이같이 네가 너희 중에서 악을 제하라 그리하면 온 이스라엘이 듣고 두려워하리라"

2) 부모의 물건을 훔치는 것은 죄입니다.

(잠 28:24) "부모의 물건을 도둑질하고서도 죄가 아니라 하는 자는 멸망받게 하는 자의 동류니라"

3) 부모를 비방하는 자녀는 죽임을 당합니다.

(마 15:4) "하나님이 이르셨으되 네 부모를 공경하라 하시고 또 아버지나 어머니를 비방하는 자는 반드시 죽임을 당하리라 하셨거늘"

4) 부모를 구박하거나 쫓아내거나 조롱하는 것은 큰 죄입니다.

(잠 19:26) "아비를 구박하고 어미를 쫓아내는 자는 부끄러움을 끼치며 능욕을 부르는 자식이니라"

(잠 30:17) "아비를 조롱하며 어미 순종하기를 싫어하는 자의 눈은 골짜기의 까마귀에게 쪼이고 독수리 새끼에게 먹히리라"

5) 계부나 계모의 딸을 범하면 부모에게 죄를 범하는 것입니다.

(레 20:17) "누구든지 그의 자매 곧 그의 아버지의 딸이나 그의 어머니의 딸을 데려다가 그 여자의 하체를 보고 여자는 그 남자의 하체를 보면 부

끄러운 일이라 그들의 민족 앞에서 그들이 끊어질지니 그가 자기의
자매의 하체를 범하였은즉 그가 그의 죄를 담당하리라"

참고의 말씀

자녀가 부모에게 잘못하는 것은 매우 큰 죄입니다. 그런데 사람들은 부모에게 잘못하는 것을 사소한 일로 여깁니다. 이런 잘못된 생각으로 하나님의 말씀에 불순종합니다. 이로 인해 많은 사람들이 부모님을 공경하지 않는 모습을 보았고, 또 지금의 시대가 핵가족화 되어 부모님을 공경하지 않고 있기 때문에 이제는 당연한 것으로 받아들여지고 있습니다. 그래서 성도들 중에도 하나님의 다른 말씀들은 다 지키는데 부모를 공경하지 않는 죄 때문에 복을 받지 못하는 사람들이 있습니다. 그러므로 성경을 통하여 배우고 고쳐서 부모를 공경하고 복 받는 사람이 되어야 합니다.

성도들은 부모님을 어떻게 공경할지 구체적으로 생각하고 행동에 옮겨야 할 것입니다. 돌아가신 다음에 잘 하는 것은 아무 소용없는 일입니다. 살아계실 때 한 번이라도 더 잘 해 드리는 것이 하나님의 뜻입니다. 모두가 부모님을 공경하여 땅에서 잘 되고 장수하는 복을 받으시길 바랍니다.

깨달은 말씀 논하기

1. 자녀가 부모에게 행해야 하는 것에는 어떤 것들이 있습니까?

2. 자녀의 죄는 무엇입니까?

3. 자녀가 부모에게 잘못하는 죄에는 어떤 것들이 있습니까?

통성으로 기도하기

오늘 배운 말씀을 다시 펴 보면서 마음에 새기고 회개 기도한 후에, 하나님의 말씀대로 살아서 복 있는 사람이 될 것을 결심하는 기도를 드려야 합니다.

제 6 과

자녀와의 관계

암·송·구·절

(신 6:5-7) "[5] 너는 마음을 다하고 뜻을 다하고 힘을 다하여 네 하나님 여호와를 사랑하라 [6] 오늘 내가 네게 명하는 이 말씀을 너는 마음에 새기고 [7] 네 자녀에게 부지런히 가르치며 집에 앉았을 때에든지 길을 갈 때에든지 누워 있을 때에든지 일어날 때에든지 이 말씀을 강론할 것이며"

가정이 행복해지는 여러 가지 요소 중에 빠질 수 없는 것이 자녀가 바르게 성장해 주는 것입니다. 자녀가 삐뚤어져 부모의 마음을 상하게 하면 불행한 가정이 됩니다. 부모와 자녀는 항상 다투어야 하고 서로 불신하고 미워하게 됩니다. 심한 가정은 자녀가 가출하거나 자살을 하는 경우도 있습니다. 이렇게 되면 가정은 완전히 파괴되는 고통을 당합니다.

부모는 자녀를 양육함에 있어 무분별하게 할 것이 아니라, 일정한 성경적인 교육방침을 정하고 항상 그 기준에 맞도록 교양과 훈계로 양육해야 합니다. 그러나 보통의 가정에는 성경적인 지식이 부족하여 이러한 교육방침이 없습니다. 그리고는 세상 사람들처럼 자녀들이 알아서 착하고 바르게 성장해 주기를 바랍니다. 부모가 잘못을 하고 실수를 해도 자녀들이 이해해 주고 죄를 지어도 이해해 주며 착하고 바르게 자라주기를 원하고 있습니다. 그러나 이것은 바람일 뿐 현실적으로는 그렇게 될 수 없습니다. 자녀들은 세상을 모릅니다. 어떻게 사는 것이 착하고 바르게 사는 것인지도 모릅니다. 그러므로 부모는 자녀들이 어릴 때부터 성경의 말씀들을 조목조목 가르쳐 주어 이해시키고 따르게 해야 합니다.

어떤 부모는 자녀를 낳기만 하고 양육하는 것에 신경을 쓰지 않는 분들이 있습니다. 학교를 보내지 않고 기술을 가르치지 않고 삶을 살아가는 방법을 가르치지 않는 부모도 있습니다.

이런 부모 밑에서 성장하는 자녀들은 나중에 부모를 원망하게 됩니다. 자신들을 낳아놓고 교육도 시키지 않고 알아서 착하게 크라며 방치한 부모를 원망하는 것입니다.

1. 부모는 자녀를 가르칠 책임이 있습니다.

1) 하나님을 경외하는 것을 가르쳐야 합니다.

(신 4:10) "네가 호렙 산에서 네 하나님 여호와 앞에 섰던 날에 여호와께서 내게 이르시기를 나에게 백성을 모으라 내가 그들에게 내 말을 들려주어 그들이 세상에 사는 날 동안 나를 경외함을 배우게 하며 그 자녀에게 가르치게 하리라 하시매"

(신 31:13) "또 너희가 요단을 건너가서 차지할 땅에 거주할 동안에 이 말씀을 알지 못하는 그들의 자녀에게 듣고 네 하나님 여호와 경외하기를 배우게 할지니라"

2) 하나님을 사랑하는 것을 가르쳐야 합니다..

(신 6:5-7) "[5] 너는 마음을 다하고 뜻을 다하고 힘을 다하여 네 하나님 여호와를 사랑하라 [6] 오늘 내가 네게 명하는 이 말씀을 너는 마음에 새기고 [7] 네 자녀에게 부지런히 가르치며 집에 앉았을 때에든지 길을 갈 때에든지 누워 있을 때에든지 일어날 때에든지 이 말씀을 강론할 것이며"

3) 하나님의 율법을 가르쳐 지키게 해야 합니다.

(신 32:46) "그들에게 이르되 내가 오늘 너희에게 증언한 모든 말을 너희의 마음에 두고 너희의 자녀에게 명령하여 이 율법의 모든 말씀을 지켜 행하게 하라"

4) 죄의 유혹을 뿌리치는 것을 가르쳐야 합니다.

(시 1:1) "복 있는 사람은 악인들의 꾀를 따르지 아니하며 죄인들의 길에 서지 아니하며 오만한 자들의 자리에 앉지 아니하고"

5) 자녀들에게 본이 되어 행하고 노엽게 하지 않아야 합니다.

(엡 6:4) "또 아비들아 너희 자녀를 노엽게 하지 말고 오직 주의 교훈과 훈계로 양육하라"

(딤전 3:4) "자기 집을 잘 다스려 자녀들로 모든 공손함으로 복종하게 하는 자라야 할지며"

6) 하나님의 자녀를 마귀의 자녀로 만들지 않아야 합니다.

(요일 3:10) "이러므로 하나님의 자녀들과 마귀의 자녀들이 드러나나니 무릇 의를 행하지 아니하는 자나 또는 그 형제를 사랑하지 아니하는 자는 하나님께 속하지 아니하니라"

2. 부모의 죄

부모가 자녀를 낳았기 때문에 자녀들에게 공경을 받아야 한다는 생각은 잘못된 것입니다. 자녀를 낳았으면 양육과 교육의 의무까지도 책임을 지고 행해야 합니다.

1) 부모가 자녀를 사랑하면서도 양육을 하지 못하는 것은 죄입니다.

2) 부모가 자녀를 미워하는 것은 죄입니다.

3. 부모가 자녀들에게 잘못하는 죄

- 술주정하는 것, 이유 없는 폭언, 욕, 폭행을 하는 것
- 도박이나 투기로 가정생활을 어렵게 하는 것
- 부부가 자녀들 앞에서 싸우는 것
- 자녀의 마음에 상처를 주고 노엽게 하는 것
- 자녀를 낳기만 하고 부모의 책임과 의무를 다하지 못하는 것
- 자녀 교육을 잘못하여 탈선하게 만든 것
- 하나님을 사랑하고 공경하는 자녀로 키우지 못한 것
- 자녀가 잘못을 했을 때 잘못을 가르치지 않는 것
- 마귀의 자녀로 만든 것
- 자녀를 바르게 키우지 못한 것
- 자녀에게 교양과 인격을 가르치지 못해 왕자병과 공주병에 걸리게 한 것
- 자녀에게 하지 말아야 할 성적인 죄를 짓는 것
- 자녀에게 이혼하는 모습을 보이는 것

- 자녀를 버리거나 방치하는 것
- 자녀들 앞에서 교회와 목회자를 비판하여 자녀들이 교회를 불신하게 만드는 것
- 자녀의 하체를 범한 것

(레 18:17) "너는 여인과 그 여인의 딸의 하체를 아울러 범하지 말며 또 그 여인의 손녀나 외손녀를 아울러 데려다가 그의 하체를 범하지 말라 그들은 그의 살붙이이니 이는 악행이니라"

참고의 말씀

성경 (시 27:10)에 "내 부모는 나를 버렸으나 여호와는 나를 영접하시리이다"라는 말씀이 있습니다. 자녀들은 혹 부모가 모든 욕구를 충족시켜주지 못해서 마음에 섭섭함과 미움이 있을지라도 하나님을 의지하며 모두 잊어버려야 합니다. 어차피 육신의 부모가 자녀들에게 해 줄 수 있는 일에는 한계가 있습니다. 자녀가 어렸을 때는 이것저것 해 줄 수 있으나 자녀가 성장하고 나면 도와줄 수 없는 것이 더 많아집니다.

그러나 영의 아버지이신 하나님은 한 사람이 태어나서 죽을 때까지 모든 것을 도와주실 수 있으며, 죽은 후에도 하나님 나라에서 영원토록 복을 주십니다. 그러므로 하나님 아버지를 사랑하고 더 의지하고 살아야 합니다.

또한 부모들은 자신들이 자녀들에게 지은 죄를 회개해야 합니다. 부모의 잘못으로 자녀들이 마귀의 자녀가 된 것에 대해 통회해야 합니다. 그리고 부모의 잘못으로 자녀들이 마음에 상처를 입고, 정신적인 질병에 시달리고, 세상에서 자신감 있게 살지 못하고 방황하며 고통스럽게 사는 것을 미안하게 생각하고 회개해야 합니다.

이러한 사실을 깨달았다면 지금부터라도 자녀들에게 성경적인 기준을 가지고 잘 양육하고 바르게 교육시켜야 합니다.

깨달은 말씀 논하기

1. 부모는 자녀에게 어떤 것들을 가르쳐야 합니까?

2. 부모의 죄는 무엇입니까?

3. 부모가 자녀들에게 잘못하는 죄에는 어떤 것들이 있습니까?

통성으로 기도하기

오늘 배운 말씀을 다시 펴 보면서 마음에 새기고 회개 기도한 후에, 하나님의 말씀대로 살아서 복 있는 사람이 될 것을 결심하는 기도를 드려야 합니다.

제7과

가족 사랑

암·송·구·절

(딤전 5:8) "누구든지 자기 친족 특히 자기 가족을 돌보지 아니하면 믿음을 배반한 자요 불신자보다 더 악한 자니라"

예수님은 (요 13:34)에서 **"새 계명을 너희에게 주노니 서로 사랑하라 내가 너희를 사랑한 것 같이 너희도 서로 사랑하라"**고 말씀하십니다. 세상을 살아가는데 가장 중요한 것이 사랑이라는 것을 알고 말씀하신 것입니다.

사람은 누구나 사람을 사랑할 때나 사람에게서 사랑을 받을 때 행복을 느낍니다. 사랑하는 가족에게 줄 선물을 살 때는 자기 것을 주면서도 행복을 느낍니다. 그러나 사랑하지 않는 사람에게 억지로 선물할 때는 그만큼의 행복을 느끼지 못합니다. 마찬가지로 사랑하는 사람들로부터 선물을 받을 때도 행복을 느낍니다. 이것이 정상적인 사람들의 모습입니다.

예수님은 이처럼 사람에게 중요한 것을 새 계명으로 주시며 서로 사랑하라고 하십니다. 그래서 모든 사람이 서로 사랑을 주고 받으면서 행복하기를 바라시는 것입니다.

성경은 (고전 13:13)에서 **"그런즉 믿음, 소망, 사랑, 이 세 가지는 항상 있을 것인데 그 중의 제일은 사랑이라"**고 했습니다. 이 소중한 사랑을 가족에게 실천하기를 바랍니다.

1. 예수님이 가르쳐 주신 사랑을 실천해야 가족이 행복해집니다.

1) 하나님께서는 하나님 사랑과 이웃 사랑을 예배와 헌금보다 더 중요하게 여기십니다.

(막 12:33) "또 마음을 다하고 지혜를 다하고 힘을 다하여 하나님을 사랑하는 것과 또 이웃을 자기 자신과 같이 사랑하는 것이 전체로 드리는 모든 번제물과 기타 제물보다 나으니이다"

2) '이웃을 사랑하라' 하신 말씀에는 사람을 사랑하라는 의미와 계명이 모두 들어 있습니다.

(롬 13:9) "간음하지 말라, 살인하지 말라, 도둑질하지 말라, 탐내지 말라 한 것과 그 외에 다른 계명이 있을지라도 네 이웃을 네 자신과 같이 사랑하라 하신 그 말씀 가운데 다 들었느니라"

3) 사랑은 율법의 완성입니다.

(롬 13:10) "사랑은 율법의 완성이니라"

(갈 5:14) "온 율법은 네 이웃 사랑하기를 네 자신 같이 하라 하신 한 말씀에서 이루어졌나니"

4) 사랑을 실천하면 예수님의 참 제자가 됩니다.

(요 13:35) "너희가 서로 사랑하면 이로써 모든 사람이 너희가 내 제자인 줄 알리라"

5) 예수님을 사랑한다면 계명을 지켜야 합니다.

(요 14:21) "나의 계명을 지키는 자라야 나를 사랑하는 자니 나를 사랑하

는 자는 내 아버지께 사랑을 받을 것이요 나도 그를 사랑하여 그에게 나를 나타내리라"

(요 14:24) "나를 사랑하지 아니하는 자는 내 말을 지키지 아니하나니 너희가 듣는 말은 내 말이 아니요 나를 보내신 아버지의 말씀이니라"

2. 사랑하는 것에도 순서가 있습니다.

1) 첫 번째 순위가 하나님 사랑입니다.

(막 12:29-32) "[29] 예수께서 대답하시되 첫째는 이것이니 이스라엘아 들으라 주 곧 우리 하나님은 유일한 주시라 [30] 네 마음을 다하고 목숨을 다하고 뜻을 다하고 힘을 다하여 주 너의 하나님을 사랑하라 하신 것이요 [31] 둘째는 이것이니 네 이웃을 네 자신과 같이 사랑하라 하신 것이라 이보다 더 큰 계명이 없느니라

2) 두 번째 순위가 부부 사랑입니다.

(엡 5:28) "이와 같이 남편들도 자기 아내 사랑하기를 자기 자신과 같이 할지니 자기 아내를 사랑하는 자는 자기를 사랑하는 것이라"

3) 세 번째 순위가 부모 사랑입니다.

(신 5:16) "너는 네 하나님 여호와께서 명령한 대로 네 부모를 공경하라 그리하면 네 하나님 여호와가 네게 준 땅에서 네 생명이 길고 복을 누리리라"

4) 네 번째 순위가 자녀 사랑입니다.

(엡 6:4) "또 아비들아 너희 자녀를 노엽게 하지 말고 오직 주의 교훈과 훈계로 양육하라"

(딤전 5:8) "누구든지 자기 친족 특히 자기 가족을 돌보지 아니하면 믿음을 배반한 자요 불신자보다 더 악한 자니라"

5) 다섯 번째 순위가 형제 사랑입니다.

(롬 12:10) "형제를 사랑하여 서로 우애하고 존경하기를 서로 먼저 하며"

6) 여섯 번째 순위가 주변의 친척과 알고 지내는 이웃 사랑입니다.

(약 2:8) "너희가 만일 성경에 기록된 대로 네 이웃 사랑하기를 네 몸과 같이 하라 하신 최고의 법을 지키면 잘하는 것이거니와"

7) 일곱 번째 순위가 모르는 이웃 사랑입니다.

(눅 10:30-37) "[30] 예수께서 대답하여 이르시되 어떤 사람이 예루살렘에서 여리고로 내려가다가 강도를 만나매 강도들이 그 옷을 벗기고 때려 거의 죽은 것을 버리고 갔더라 [31] 마침 한 제사장이 그 길로 내려가다가 그를 보고 피하여 지나가고 [32] 또 이와 같이 한 레위인도 그 곳에 이르러 그를 보고 피하여 지나가되 [33] 어떤 사마리아 사람은 여행하는 중 거기 이르러 그를 보고 불쌍히 여겨 [34] 가까이 가서 기름과 포도주를 그 상처에 붓고 싸매고 자기 짐승에 태워 주막으로 데리고 가서 돌보아 주니라 [35] 그 이튿날 그가 주막 주인에게 데나리온 둘을 내어 주며 이르되 이 사람을 돌보아 주라 비용이 더 들면 내가 돌아올 때에 갚으리라 하였으니 [36] 네 생각에는 이 세 사람 중에 누가 강도 만난 자의 이웃이 되겠느냐 [37] 이르되 자비를 베푼 자니이다 예수께서 이르시되 가서 너도 이와 같이 하라 하시니라"

참고의 말씀

가족들이 서로 도와주고 서로 이해하고 서로 위로하며 사랑하고 있다면, 그분들은 세상에서 가장 행복하며 모든 것을 가진 복 있는 사람들입니다. 명예와 권세를 얻지 못했다고 해도 성공한 것이며 지혜롭게 산 것입니다. 그러나 반대로 가족이 서로 미워하고 이기적이며 개인주의자들이고 다른 가족을 배려할 줄 모르며 독선적으로 살고 있다면, 세상의 명예와 권세를 얻었다고 해도 실패한 인생을 산 것입니다.

후회 없는 삶과 자신의 행복을 위해서 하나님이 주신 사랑의 순서에 따라 시간과 물질을 투자하십시오. 진리의 말씀대로 사랑을 하면 틀림없이 행복한 가정이 되며 성공한 인생이 될 것입니다. 하나님께 쓰임 받는 훌륭한 사람들이 각 가정에서 양육되어지길 바랍니다.

하나님의 말씀은 가장 지혜로운 말씀입니다. 우리의 생각과 다르게 느껴질지라도 그 말씀에 순종하면 기적이 일어납니다. 모든 성도님들의 가정이 회복되어 행복하게 되며 또한 자손에게까지 하나님의 축복이 있기를 바랍니다.

깨달은 말씀 논하기

1. 예배와 헌금보다 무엇이 더 중요합니까?

2. 기독교인들은 하나님 다음으로 누구를 사랑해야 합니까?

3. 사랑의 우선순위를 말해보십시오.

통성으로 기도하기

오늘 배운 말씀을 다시 펴 보면서 마음에 새기고 회개 기도한 후에, 하나님의 말씀대로 살아서 복 있는 사람이 될 것을 결심하는 기도를 드려야 합니다.

가정 생활

"

남편은 그 아내에 대한 의무를 다하고 아내도 그 남편에게 그렇게 할지라 아내는 자기 몸을 주장하지 못하고 오직 그 남편이 하며 남편도 그와 같이 자기 몸을 주장하지 못하고 오직 그 아내가 하나니 서로 분방하지 말라 다만 기도할 틈을 얻기 위하여 합의상 얼마 동안은 하되 다시 합하라 이는 너희가 절제 못함으로 말미암아 사탄이 너희를 시험하지 못하게 하려 함이라

고전 7:3-5

"

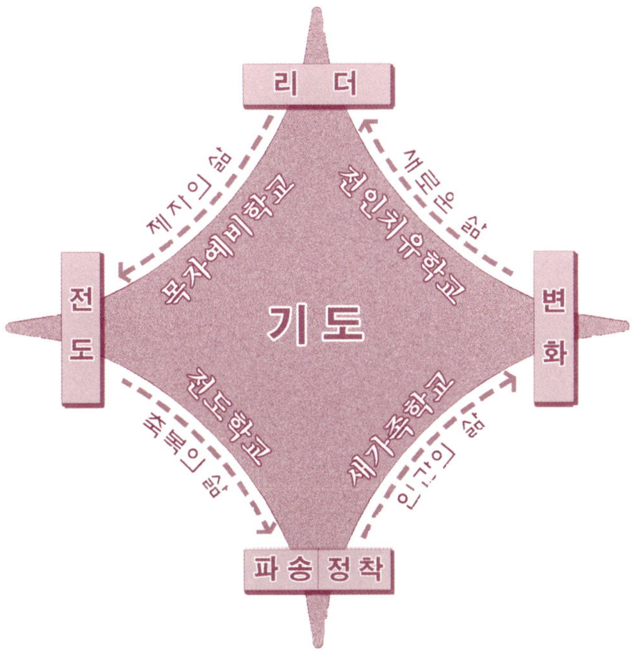
리더
새로운 삶
전인치유학교
변화
인간의 삶
새가족학교
정착
파송
전도학교
축복의 삶
전도
목자예비학교
제자의 삶
기도

"십자가의 길은 사람을 살리는 길입니다."

Books by C.M.C.

양육교재

인간의 삶(개정판)
값 5,000원

인간이 고통을 당하는 이유를 성경을 통해 명확하게 알려주며 자신의 모습을 돌아보게 합니다.

새로운 삶(개정판)
값 5,000원

하나님을 알고 살아가는 삶이 새로운 삶임을 깨닫게 하며, 가르치는 자와 배우는 자가 동일하게 세워지도록 합니다.

제자의 삶(개정판)
값 5,000원

예수님의 진정한 제자는 어떻게 살아야 하는가를 성경적으로 권면합니다.

축복의 삶(개정판)
값 5,000원

하나님의 자녀로서 축복받는 삶이 무엇인가를 배우며 기쁨과 감사함으로 살아가게 합니다.

기도학교
값 3,500원

기도에 대해서 알고 싶어하고 배우고 싶어하는 성도들을 위해 하나님께서 들어주시는 올바른 기도를 가르쳐 줍니다.

새가족학교
값 3,500원

교회에 나오는 새가족들이 궁금해 하는 모든 내용들을 정리하여 그들의 궁금증을 해결해 주어 정착하도록 돕습니다.

전인치유학교 (성도용)
값 4,500원

어떻게 하면 하나님이 사람을 치료하는 것을 찾아볼까 하는 고민 중에 본 치유 프로그램이 만들어졌습니다. 이 치유 프로그램은 성경적인 치유를 전제로 만들어졌습니다. 인본적인 치유가 아니라 성경적인 치유 프로그램인 것입니다.

전인치유학교 (리더용)
값 8,000원

어떻게 하면 하나님이 사람을 치료하는 것을 찾아볼까 하는 고민 중에 본 치유 프로그램이 만들어졌습니다. 이 치유 프로그램은 성경적인 치유를 전제로 만들어졌습니다. 인본적인 치유가 아니라 성경적인 치유 프로그램인 것입니다.

목자예비학교
값 4,500원

평신도 리더로서 사역할 수 있도록 모든 소그룹 인도 방법을 자세하게 가르쳐 줍니다.

전도학교(예수전도법)
값 3,500원

예수전도법을 통하여 불신자를 전도하는 모든 방법을 가르쳐 전도는 누구나 할 수 있다는 자신감을 갖게 합니다.

교회학교 양육교재

인간의 삶(교회학교)
값 3,500원

새로운 삶(교회학교)
값 3,500원

제자의 삶(교회학교)
값 3,500원

축복의 삶(교회학교)
값 3,500원

새가족학교(교회학교)
값 4,500원

단행본들…

세계교회는 십자가의 길로 간다 값 8,000원

십자가의 길은 독자들에게 비전과 소망을 줄 것입니다. 목회의 목마름을 해갈해 줄 것입니다.

아울러 본 저서는 목회를 잘 해 보고자 하는 열심있는 목회자들과 목회에 지친 분들에게 새 힘을 불어넣는 좋은 책이 될 것입니다.

당신도 훌륭한 목회를 할 수 있다(상) 값 10,000원

목회를 하면서 많은 시행착오를 겪었다. 누군가 코치를 해 주는 사람이 있었으면 좋았을텐데 불행히도 없었다. 어려운 문제가 생길 때마다 좌절도 하고 낙심도 하면서 하나님께 기도하여 문제를 풀어 나갔다. 다행이 하나님께서 해결해 주셔서 어려운 목회 문제를 풀 수 있었다. 그리고 많은 은혜를 주셨다. 이 책이 나와 같은 목회자들에게 도움이 되었으면 좋겠다.

당신도 훌륭한 목회를 할 수 있다(하) 값 10,000원

목회는 모르면 어렵고 알면 쉬운 것이다. 이 책을 통해서 목회를 배우고 지금의 길을 달려가서 성공하는 목회자들이 많이 나오기를 원한다.

이 책을 읽는 분들은 많은 도전을 받게 될 것이다. 그리고 하나님의 원하시는 참된 목회를 추구할 것이다. 그러면서 하나님의 종이 된 것을 기뻐하고 감사드리며 헌신하게 될 것이다.

예수그리스도께서 가르쳐 주신 기도와 능력 값 5,000원

기도하는 많은 사람들을 새로운 기도의 세계로 인도할 것입니다. 주님이 가르쳐 주신 기도순서로 기도하면 깊은 영성을 소유하게 될 것입니다. 그리고 절대로 잘못된 기도는 하지 않게 될 것입니다. 또 놀라운 영적 경험을 하게 될 것입니다.

자신이 변화하는 것을 느끼게 되며, 치유의 역사가 속에서 일어나는 것을 느낄 것입니다.

기도훈련집 1, 2

- 값 6,000원
- 값 3,000원

이 기도문은 그리스도께서 하신 기도입니다. 지금까지 자기 욕심을 이루려는 기도를 드렸고 하나님을 괴롭게 하는 기도를 드렸음을 발견하게 될 것입니다. 또한 자신의 영혼이 깨끗해지고 마음이 청결해지는 것을 느끼게 될 것입니다.

교회건강검진 값 10,000원

건강한 교회와 성장하는 교회는 다른 시각으로 보아야 합니다. 건강하지 못해도 성장하는 교회가 있습니다. 이런 교회는 바람직하지 못합니다. 교회는 하나님 보시기에 건강해야 하고 또 성장해야 합니다. 그러기 위해서 검사 방법이 정확해야 합니다. 여기에 그 방법을 소개합니다.

폭발적 목장영적추수행사 값 3,500원

목장영적추수행사는 좀 더 체계적으로 훈련하여 성도의 생각을 바꾸고 생활 속에서 신앙적으로 전도 활동과 목장 집회를 갖도록 하는 획기적인 책입니다.

이 책이 제시하는 대로 시행한다면 누구든지 전도를 할 수 있으며 목장도 활성화되는 결과를 얻게 될 것입니다.

52주 목장집회 1, 2 각 값 6,000원

예배는 구원 받은 사람들이 하나님을 경외하는 것입니다. 집회는 사람들이 모여서 하나님의 은혜 받기를 사모하는 것입니다. 예배와 집회는 전혀 다른 성격을 띠고 있습니다. 목장 집회는 하나님의 은혜를 받기 위한 특별한 모임입니다. 목장 집회의 중요한 리더 만들기와 기도 셀, 사랑의 실천, 불신자를 위한 모임 등을 실천하도록 하였습니다.

생명을 얻는 길(상) 값 2,500원

태신자의 눈높이에 맞춘 맞춤식 양육 교재입니다. 철저히 태신자의 입장에서 그들의 문제를 해결하고 있는 것이 본서의 특징입니다. 또한 기존 성도들도 태신자를 양육하면서 은혜 받고 하나님이 원하시는 신앙으로 바뀌게 됩니다.

'생명을 얻는 길'은 미니 전도지와 함께 사용하면 양육 효과가 더욱 크게 나타납니다.

영혼의 찬양 값 5,500원

십자가선교센터에서 선정한 200곡의 주옥같은 찬양을 수록하였습니다.

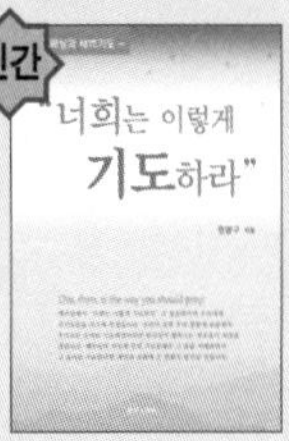

신간 너희는 이렇게 기도하라 값7,000원

하루를 여는 새벽시간 개인적으로 읽고 묵상하며 경건의 시간을 갖도록 되어 있습니다. 교회에서 21일 특별 새벽기도회 기간에 활용하시면 큰 은혜의 시간이 될 것입니다.

신간 유아세례 학습서 값8,000원

아이들에게 있어 부모의 신앙은 매우 중요합니다. 그 이유는 아이들이 부모의 신앙을 그대로 배우기 때문입니다. 그러므로 유아 세례를 술 때 부모를 함께 철저하게 교육시킬 필요가 있습니다.

맞춤전도지

현대인들은 매우 바쁘고 복잡하게 살아갑니다. 그들에게 복음을 전하기란 쉽지 않습니다. 이와 같은 문제점을 해결하고자 **도서출판 십자가선교센터**에서는 **5분 안**에 **어느 누구**에게든지 **시간과 장소에 국한되지 않고 복음**을 전하는 **맞춤 전도지**를 만들었습니다. 하나님의 나라가 우리나라 가운데 임하길 기도드립니다.

1 복된 소식
값 300원
죄의 문제 해결과 구원에 대한 진리를 선포하고 있습니다.

2 5분 복음제시
값 300원
죄의 문제 해결과 하나님을 믿으면 좋은 것에 대하여 설명합니다.

3 인생을 아십니까?
값 300원
인생무상과 가치있는 삶에 대한 해결책을 제시합니다.

4 도를 아십니까?
값 300원
사람이 가야 할 참된 인생의 길과 후회없는 삶을 제시합니다.

5 사람은 왜 고난이 많습니까?
값 300원
사람의 고난과 고통의 문제에서 벗어나 평안하게 사는 길을 제시합니다.

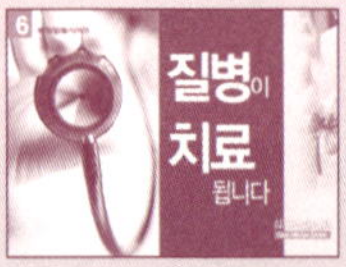

6 질병이 치료됩니다
값 300원
질병에서 벗어나 기적을 경험하는 삶을 제시합니다.

7 자신의 미래를 아십니까?
값 300원
사람은 자신의 미래에 대해서 궁금해 합니다. 그 미래에 대한 명쾌한 해답을 제시합니다.

8 인생문제해결을 원하십니까?
값 300원
모든 사람은 문제를 안고 살아갑니다. 문제 해결과 축복의 삶을 제시합니다.

9 교회를 쉬고 계십니까?
값 300원
신앙생활을 하다 여러가지 시험과 문제로 교회를 쉬고 계십니까? 하나님께서는 첫사랑을 회복하기를 원하십니다.

10 어떤 종교를 가지고 계십니까?
값 300원
어떤 종교를 가지고 있느냐에 따라서 사후의 삶이 달라집니다. 참 종교의 길을 제시합니다.

신간 소개

십자가의 길 생활 시리즈(중급반)

교회생활 …값 5,000원

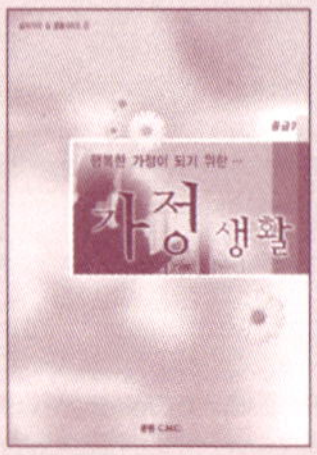

가정생활 …값 5,000원

헌신생활 …값 5,000원

복된생활 …값 5,000원

목자학교 …값 7,000원

전인성품치유…값 7,000원

지도자훈련학교 값 5,000원

소원기도모임 값 5,000원

기도훈련집 "너희는 이렇게 기도하라"시리즈 ②~⑤

유치유년기도훈련집…값 9,000원

초등부기도훈련집 값 5,000원

청소년기도훈련집 값 6,000원

노년부기도훈련집 값 7,000원

도서출판 **십자가선교센터**
홈페이지 http://www.cross9191.com
02)2617-2044, 2685-0423